momentoscruciales

# TITULARES

TITULARES

Título original: Headlines
Tradujo Juan Tovar Cross de la edición original en inglés de Weldon Owen Pty Ltd
© 2010 Weldon Owen Pty Ltd

Concepto y realización: Weldon Owen Pty Ltd
Diseño conceptual: Arthur Brown/Cooling Brown
Editor del proyecto: Jasmine Parker
Diseño: Colin Wheatland
Cartografía: Will Pringle, Mapgraphx
Director de arte: Trucie Henderson
Investigación iconográfica: Joanna Collard
Revisión: Shan Wolody
Índice: Jo Rudd

D.R. © Editorial Océano, S.L.
Milanesat 21-23, Edificio Océano
08017 Barcelona, España
www.oceano.com

D.R. © Editorial Océano de México, S.A. de C.V.
Blvd. Manuel Ávila Camacho 76, 10° piso
11000 México, D.F., México
www.oceano.mx

PRIMERA EDICIÓN 2011

ISBN: 978-84-494-4442-5 (Océano España)
ISBN: 978-607-400-542-4 (Océano México)

IMPRESO EN CHINA / *PRINTED IN CHINA*

# TITULARES

Philip Wilkinson

OCEANO Travesía

# Contenido

## EL TITANIC

## LA PRIMERA GUERRA MUNDIAL

## EL *HINDENBURG*

## LA SEGUNDA GUERRA MUNDIAL

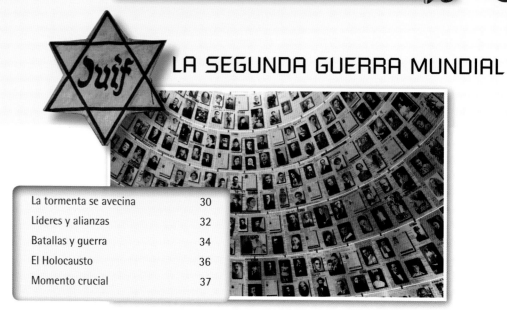

# EL HOMBRE EN LA LUNA

# EL MURO DE BERLÍN

# EL TSUNAMI DEL OCÉANO ÍNDICO

# El Titanic

Diseñado como un palacio de alta mar, el *Titanic* fue el barco de pasajeros más grande y lujoso de su época. Cuando se terminó, en 1912, no existía el transporte aéreo y la gente que quería viajar grandes distancias tenía que hacerlo por mar. Las principales compañías navieras, como Cunard y White Star Line, competían por ofrecer un transporte seguro y cómodo. El *Titanic* era parte de la flota de White Star Line y era mayor que las embarcaciones más grandes de Cunard. Tenía 269 metros de largo... más que 11 canchas de tenis.

El *Titanic* se construyó en Belfast, Irlanda.

**Construir el *Titanic***
La construcción se llevó a cabo en el astillero Harland and Wolff en Belfast, Irlanda. Tomó tres años y alrededor de 3,000 obreros.

**Gimnasio**
El gimnasio estaba abierto para las mujeres en la mañana y para los hombres en la tarde. Los aparatos de ejercicio, como estas bicicletas, eran algo nuevo en los transatlánticos.

**Comedor de primera**
Los pasajeros de primera clase comían en un enorme y elegante salón. Aquí la cena consistía de por lo menos seis tiempos, acompañada por algunos de los vinos más caros de la época.

**Diseño hermético**
El buque estaba dividido en 16 secciones, separadas por muros llamados mamparas. Se suponía que cada sección era hermética, de modo que si una o dos secciones se llenaban de agua, el resto del barco no se inundaría.

**Mampara**

## EL BARCO A PRUEBA DE HUNDIMIENTO

Cuando los 1,343 pasajeros del *Titanic* iniciaron su travesía hacia el otro lado del Atlántico, esperaban el paseo de su vida. Para algunos era un viaje sencillo, que los llevaría a una nueva vida en Estados Unidos; para otros eran unas vacaciones de lujo a bordo de un barco que creían incapaz de naufragar.

**Casco de acero**
El casco estaba hecho de enormes placas de acero unidas con aproximadamente 3 millones de remaches.

**Camarotes de segunda**

**Comedor de segunda**

**Motores a vapor**
Un barco tan grande como el *Titanic* necesitaba tres motores. Dos motores a vapor, cada uno del tamaño de una casa, impulsaban las hélices de babor y estribor. Un motor más moderno, de menor tamaño, impulsaba la hélice central.

**Cocina**

■ Primera clase  ■ Segunda clase  ■ Tercera clase

**Zonas por clase**
Las distintas clases estaban separadas a bordo: segunda y tercera estaban en cubiertas inferiores a primera. Cuando el *Titanic* chocó con el iceberg, los pasajeros de primera pudieron llegar más rápido a las lanchas salvavidas.

Camarotes de primera

Dormitorios de tercera

Comedor de tercera

Cocina de tercera

**Crucero de lujo**
El barco tenía instalaciones lujosas, como piscina, gimnasio, baño turco y bibliotecas, y sus salones principales estaban decorados con elegantes artesonados.

**Gran escalera**
Una amplia escalera conectaba los pisos de alojamiento de primera. Estaba decorada con esculturas y cuadros, y tenía lámparas sostenidas por querubines de bronce. Un gran domo de vidrio dejaba entrar la luz natural.

# Momento crucial

Tras el hundimiento, las navieras y los gobiernos de todo el mundo hicieron lo posible por evitar que se repitiera tan terrible catástrofe. Cambiaron las rutas más al sur, lejos de la mayoría de los icebergs, y ordenaron a todos los barcos mantener guardia en el radio las 24 horas, para poder atender señales de auxilio. Las embarcaciones fueron obligadas a tener suficientes lanchas salvavidas para todos los pasajeros y la tripulación, y en 1914 se estableció la Patrulla Internacional del Hielo para rastrear icebergs y alertar a los barcos. Como resultado de todas estas medidas, los mares se volvieron mucho más seguros.

**LANCHAS SALVAVIDAS**
Después del desastre del *Titanic*, la mayoría de las compañías navieras agregaron más lanchas salvavidas. Además, los reglamentos navieros cambiaron para obligar a todos los buques a tener suficientes lanchas para todos los pasajeros y la tripulación en caso de emergencia.

**PATRULLA INTERNACIONAL DEL HIELO**

En un principio, la Patrulla Internacional del Hielo usaba barcos que navegaban por las principales rutas navieras atentos a cualquier peligro por hielo y icebergs. Después de la segunda Guerra Mundial, también se empezó a usar aviones.

INTERNATIONAL ICE PATROL

Insignia de la Patrulla Internacional del Hielo

**MONITOREO DE ICEBERGS DE LA NASA**

La agencia espacial de Estados Unidos, la NASA, emplea satélites para rastrear icebergs. Esta imagen muestra la plataforma glaciar Larsen B en la Antártida, cuya superficie de 3,250 kilómetros cuadrados de hielo colapsó en 2002, creando numerosos icebergs.

# La primera Guerra Mundial

**Franz Ferdinand** fue asesinado en Sarajevo, Bosnia.

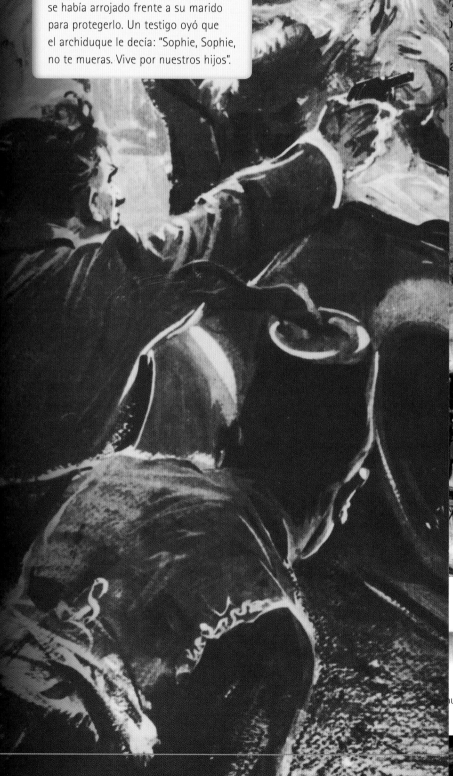

El 28 de junio de 1914, el archiduque Franz Ferdinand de Austria, heredero al trono del Imperio austro-húngaro, visitó Sarajevo, Bosnia, con su esposa Sophie. Cuando la pareja recorría las calles en un automóvil abierto, fue asesinada a tiros por Gavrilo Princip, un serbio de Bosnia. La familia de Franz Ferdinand regía un gran Imperio, que se extendía desde las naciones eslavas del sur –Serbia, Bosnia y Croacia–, hasta Austria, Hungría, Rumania y las regiones checas. Algunas personas, incluyendo a Princip, querían la independencia de los países eslavos del sur. Pero su acto homicida ocasionó que el Imperio le declarara la guerra a Serbia, iniciando así uno de los conflictos más terribles de la historia.

Cuando Princip vio venir el auto del archiduque, sacó su arma y disparó dos veces. El primer tiro le dio al archiduque en el cuello. El segundo le dio a la duquesa, quien instintivamente se había arrojado frente a su marido para protegerlo. Un testigo oyó que el archiduque le decía: "Sophie, Sophie, no te mueras. Vive por nuestros hijos".

### La Mano Negra
Ésta era una sociedad secreta que intentaba conseguir la libertad de los pueblos eslavos del sur por medio de la violencia. Se piensa que este grupo pudo haber estado detrás del asesinato, al proporcionar armas a Princip y sus camaradas.

### El plan
Varios posibles asesinos se colocaron a lo largo de la ruta del automóvil del archiduque. Uno de ellos arrojó una granada que le dio a otro auto, causando pánico y varios heridos. El auto del archiduque se alejó a toda velocidad, y esto evitó que los otros conspiradores lo atacaran. Princip ya se había dado por vencido cuando el auto dio una vuelta equivocada y entonces vio su oportunidad.

**La casaca ensangrentada**
La primera bala reventó
la yugular del archiduque,
salpicando su ropa de sangre.
Ambas víctimas murieron
minutos después del atentado.

**Funeral de Estado**
La pareja fue tendida solemnemente en
el Palacio Imperial de Viena para que el pueblo
pudiera darle el último adiós. Después fueron
enterrados en el Castillo de Artstetten, en Baja
Austria, el palacio de verano de la familia.

1914
*Marne*

# Momento crucial

**Estampilla conmemorativa**

La enorme cantidad de víctimas de
la primera Guerra Mundial –unos
10 millones de personas murieron
en combate y muchas más resultaron
heridas– convirtió el asesinato de Franz
Ferdinand en uno de los momentos
cruciales más terribles de la historia.
Después de la guerra, el Imperio austro-húngaro fue dividido, con
lo que se independizaron muchos países de Europa Central,
y el Tratado de Versalles despojó a Alemania de sus colonias y
limitó el poder de su ejército. La gente esperaba que esto redujera
las probabilidades de otra guerra semejante. Pero los límites
impuestos al poder de Alemania crearon resentimiento, que fue
una de las causas de la segunda Guerra Mundial, apenas
21 años después.

Rusia 1´700,000
Alemania 1´600,000
Francia 1´359,000
Austria-Hungría 922,000
Italia 689,000
Gran Bretaña 658,700
Rumania 335,706
Turquía 250,000
Bulgaria 87,500
EE.UU. 58,480

## MUERTE EN LA GUERRA

No se sabe a ciencia cierta
cuánta gente perdió la vida
durante la guerra, pues
muchos países no llevaban
registros adecuados.
Algunos cálculos sitúan
la cifra total en unos
10 millones de muertes
militares y 6 millones
de civiles.

## HOSPITALES DE CAMPAÑA

Los hospitales militares se
montaban cerca del campo
de batalla para atender
a los heridos. El personal
tenía que lidiar con
situaciones extremadamente
difíciles, desde escasez de
agua hasta plagas de piojos,
pero podían atender a
los pacientes rápidamente.

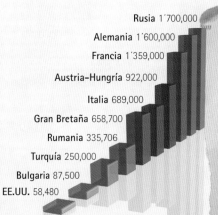

**Tratado de Versalles**
El combate terminó el 11 de
noviembre de 1918 con la
victoria de los Aliados. Al año
siguiente, exactamente cinco
años después del asesinato,
Alemania y los líderes Aliados,
incluyendo al primer ministro
francés Georges Clemenceau,
firmaron el Tratado de Versalles.

Dirigibles: diseño y tecnología

# El *Hindenburg*

El *Hindenburg* era el rey de los dirigibles. Con sus 254 metros, tenía más de tres veces el largo de un Boeing 747. La mayoría del espacio interior estaba ocupado por 16 enormes contenedores de hidrógeno para mantener la nave en el aire. Nombrado en honor del presidente alemán Paul von Hindenburg, el enorme dirigible se terminó en 1936 y fue diseñado para llevar pasajeros al otro lado del Atlántico en menos de tres días. Los dirigibles habían sido un medio de transporte seguro y exitoso desde 1900. Pero en 1937 el *Hindenburg* se incendió y docenas de pasajeros y tripulantes murieron. El desastre marcó el fin de la era de los dirigibles.

El *Hindenburg* fue construido en Friedrichshafen, Alemania.

**Trayectoria de vuelo**
El vuelo del *Hindenburg* lo llevaba desde Alemania, pasando por el sur de Inglaterra, y a través del Atlántico Norte hasta Estados Unidos. El dirigible ya había hecho este viaje varias veces, y también había hecho la ruta de Frankfurt a Río de Janeiro.

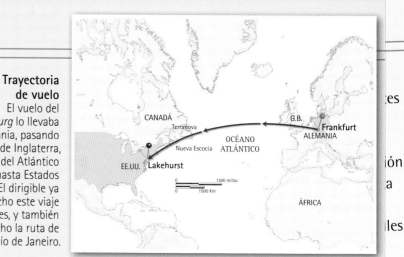

**Timón**
El timón se usaba para dirigir al *Hindenburg* en su trayectoria por el aire. Lo operaba el piloto desde la cabina de mando, que estaba al frente del dirigible.

**Celdas de gas**
Gran parte de la estructura era ocupada por 16 bolsas gigantes de algodón. Cuando el dirigible estaba listo para volar se llenaban de hidrógeno, un gas que, al ser más ligero que el aire, hacía que la nave despegara del suelo.

**Cola**
La sección en cruz de la cola daba al dirigible fuerza estructural e incorporaba el timón. El Partido Nazi que gobernaba Alemania tenía mucho interés en usar la aeronave con fines publicitarios y su símbolo con la suástica se pintó en los estabilizadores traseros.

**Construcción**
La aeronave se construyó en un hangar enorme. Un andamiaje sostenía la inmensa estructura mientras se fabricaba el armazón principal, hecho de una aleación ligera de metal llamada duraluminio. El recubrimiento exterior del dirigible era de algodón.

**Operador del motor y mecánico**

**Hélice**

**Motores**
Tenía cuatro motores a diesel de 16 cilindros, cada uno sostenido en una caja a ambos lados del dirigible. Podían desplazar la nave a una velocidad de hasta 137 kilómetros por hora.

**Funcionamiento interno del motor**

22

## Recubrimiento exterior
La tela que cubría el dirigible se pintó con un barniz plateado. Esto servía para proteger la nave de rayos infrarrojos y ultravioletas. Pero el barniz también contenía polvo de aluminio, que lo volvía explosivo.

### Armazón interior
El armazón consistía de estructuras en forma de rueda, construidas de duraluminio, una aleación de aluminio ligero pero resistente que contiene cobre, silicio, magnesio y manganeso.

El dirigible estaba diseñado para transportar pasajeros –sobre todo en viajes largos, como atravesar el Atlántico– más rápido que un barco. Su enorme tamaño le permitía llevar una gran cantidad de hidrógeno, lo que le daba a la aeronave gran capacidad de elevación al levantar cargas pesadas. Aun así, menos de 100 personas iban a bordo del *Hindenburg* en su último viaje.

D-LZ129

Hindenburg

### Cabina de mando
Asomaba de la parte inferior del dirigible. Contenía los equipos de radio y navegación, los controles del timón y los instrumentos de vuelo.

### Secciones de pasajeros
Los pasajeros hacían el viaje en dos secciones ubicadas detrás de la cabina de mando. Las áreas públicas incluían un salón de estar y un comedor. Cada pequeño camarote tenía una litera y una silla.

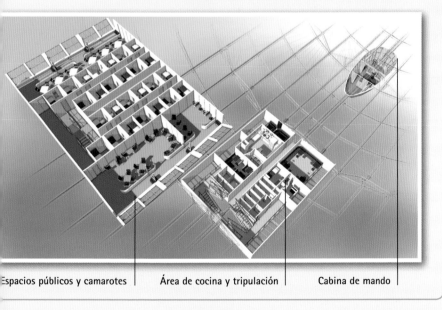

Espacios públicos y camarotes | Área de cocina y tripulación | Cabina de mando

# Momento crucial

Aunque los dirigibles habían transportado pasajeros a salvo, cuando el *Hindenburg* se incendió, la gente se dio cuenta del riesgo de viajar en un enorme contenedor lleno de hidrógeno inflamable. Como resultado, la era de los dirigibles de pasajeros llegó a su fin, y se destinaron mayores recursos a la construcción de aviones. Finalmente se desarrollaron aviones comerciales que llevaron a la gente alrededor del mundo a velocidades aún mayores. Hoy se siguen utilizando unos cuantos dirigibles más pequeños, por lo general llenos de helio, que es un gas más seguro, tanto para llevar pasajeros como con fines publicitarios.

## DIRIGIBLES MODERNOS

Hoy se utilizan dos clases de dirigibles. El de tipo globo tiene un diseño no rígido y se usa para publicidad e investigación científica. El otro es una nave rígida –propiamente un dirigible, que se puede guiar– y lleva pasajeros, por lo general en vuelos cortos para turistas.

### Motor a reacción
Al despegar, los cuatro motores a reacción del A380 generan más potencia que 3,500 autos familiares.

### Aviones comerciales
Los aviones han sustituido por completo a los dirigibles. Viajan más rápido y llevan muchos más pasajeros que cualquier dirigible: el Airbus A380 tiene capacidad para 853 personas.

## AVIONES DE COMBATE

El poder de los motores a reacción ha permitido que haya aviones militares más rápidos que la velocidad del sonido. A una altitud de 9,000 metros, el caza F-22 Raptor alcanza una velocidad de 1,725 kilómetros por hora.

Los nazis invadieron Polonia el 1º de septiembre de 1939.

# La segunda Guerra Mundial

**Adolf Hitler**
Éste era famoso por sus discursos fanáticos y enardecidos, que no obstante tuvieron el poder de llegarle al pueblo alemán y convencerlo que las ideas nazis eran válidas.

El 1º de septiembre de 1939, el ejército alemán invadió Polonia, una acción drástica que tenía sus raíces en los acontecimientos de veinte años atrás. En 1918, el tratado que puso fin a la primera Guerra Mundial había limitado severamente el poder, territorio y ejército de los alemanes. Esto llevó a que hubiera mucho resentimiento en Alemania, situación agravada por las enormes dificultades económicas de la decáda de 1930. Entonces los alemanes eligieron como líder a Adolf Hitler, un dictador fanático de derecha obsesionado con darle más poder a Alemania. Hitler invadió Checoslovaquia en 1938, y cuando también se apoderó de Polonia, los líderes de Francia y Gran Bretaña se dieron cuenta que tendrían que usar la violencia para detenerlo. Declararon la guerra el 3 de septiembre de 1939.

**Tanque Panzer**
Rudo y confiable, el tanque Panzer fue usado durante toda la guerra por el ejército alemán, tanto para dar apoyo a los soldados de infantería como para penetrar los vehículos blindados y defensas del enemigo.

**Bombardero en picada Stuka**
Diseñado para bajar en picada directamente sobre su blanco antes de soltar las bombas, el Junkers JU 87 Stuka fue el bombardero más efectivo de principios de la guerra. Los nazis lo usaron extensamente al invadir Polonia y los Países Bajos.

# 1º de septiembre de 1939

### LOS NAZIS INVADEN POLONIA

Poco después de que los nazis invadieron Polonia desde el norte, oeste y sur, tropas de la URSS –que en ese entonces era aliado de Alemania– recorrieron el país desde el este. El ejército polaco se vio obligado a retirarse, y aunque no hubo una rendición formal por parte de Polonia, Alemania y la URSS se apoderaron del gobierno del país. Los nazis celebraron con desfiles triunfales como éste.

# Momento crucial

Millones perdieron la vida durante la segunda Guerra Mundial: en combate, en el Holocausto y en el bombardeo de ciudades desde Europa hasta Japón. Nadie quería que hubiera otra guerra de dimensiones tan terribles, y en 1945 se fundó la Organización de las Naciones Unidas para fomentar la paz y el entendimiento en el mundo. Pero el equilibrio de poder entre las naciones después de la guerra ocasionó problemas. Rusia dominó Europa del Este, imponiendo opresivos regímenes comunistas a muchos países y creando relaciones tensas entre Estados Unidos y la URSS durante unos 40 años.

## ESFUERZOS MILITARES

Durante la guerra, algunos ejércitos aún usaban caballos en batalla y como transporte. Después de 1945, la guerra se convirtió más en una cuestión de alta tecnología, con armas y aviones sofisticados, y la terrible amenaza de la guerra nuclear.

## VÍCTIMAS DEL HOLOCAUSTO

La Sala de los Nombres en Yad Vashem, Israel, es el monumento de este pueblo a los judíos que murieron durante el Holocausto. El techo redondo en la sala principal está cubierto con las fotografías y páginas de testimonio de 600 de las víctimas.

URSS 20'600,000
China 10'000,000
Alemania 6'850,000
Polonia 6'123,000
Japón 2'000,000
Yugoslavia 1'706,000
Francia 810,000
Grecia 520,000
EE.UU. 500,000
Austria 480,000

**Pérdida de vidas**
Las enormes cifras y las distintas formas de calcular las bajas hacen que sea imposible saber exactamente cuánta gente perdió la vida en la guerra. La gráfica muestra un cálculo de las muertes en los países más afectados.

1943  19

5 Opera

# El hombre en la Luna

En 1961, el presidente de Estados Unidos, John F. Kennedy, comprometió a su país a "lograr que un hombre vaya a la Luna y regrese a salvo a la Tierra". Después de varias misiones del programa Apolo, el equipo de la agencia espacial estadounidense, la NASA, estaba listo, y la nave *Apolo 11* fue lanzada desde el centro espacial cerca de Cabo Cañaveral, Florida, el 16 de julio de 1969. Iban tres astronautas a bordo: el comandante de la misión Neil Alden Armstrong, el piloto del módulo lunar Edwin Eugene "Buzz" Aldrin, y el piloto del módulo de mando Michael Collins. Los tres habían participado en vuelos espaciales, pero todos sabían que su misión era muy peligrosa. Alrededor del mundo, millones vieron a los astronautas alunizar y volver a salvo a casa a bordo de su nave.

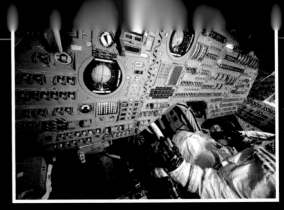

**Panel de control.** El panel de control del módulo de mando contaba con 24 instrumentos, 566 interruptores y una pequeña computadora con menos capacidad de cómputo que un celular moderno. Con estos recursos básicos, los astronautas lograron volar 384,403 kilómetros hasta la Luna, y de regreso.

**Tobera**
El motor principal en la parte posterior del módulo de mando se encendió para entrar y salir de la órbita lunar y también se usó ocasionalmente para hacer pequeños ajustes al rumbo de la nave.

**Despegue.** El 16 de julio de 1969 rugieron los enormes motores del cohete Saturno y así empezó el vuelo del *Apolo 11*. La enorme potencia del cohete era necesaria para impulsar la nave hasta que pudiera liberarse de la gravedad de la Tierra.

**Boleto para ver.** La NASA emitió unos boletos especiales que daban acceso a la zona de observación VIP en Cabo Cañaveral. La gente los conservó como preciados

JOHN F. KENNEDY SPACE CENTER

APOLLO 11

Nº 6306

The National Aeronautics and Space Administration cordially welcomes you to the launch of Apollo 11, the first mission planned to land Man on the Moon and return him safely to Earth.

This credential is issued to the bearer for sole, exclusive, personal use, and is not transferable. After launch, it may be kept as a souvenir of the mission.

**Antena**
La antena de cuatro platos parabólicos permitió a los astronautas comunicarse por radio con el centro de control en la Tierra.

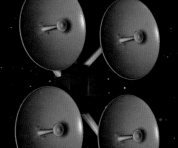

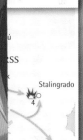

(relámpago) e Inglaterra, a Hitler guiente, or, lo que 942 el norte de os Unidos de 1945. tómicas

3

Stalingrado
4

UÍA

Siria
IRAK

ARABIA
SAUDITA

**Túnel de acceso**
Unía el módulo de mando con el módulo lunar, la sección del *Apolo 11* que alunizó.

**Módulo de servicio**
El módulo de servicio cilíndrico llevaba grandes tanques de combustible para los motores y de oxígeno para que los astronautas pudieran respirar en las condiciones del espacio, donde no hay aire.

**Módulo de mando**
Aquí vivían los astronautas en su viaje a la Luna. Fue la única parte de la nave espacial que hizo todo el camino de vuelta a la Tierra.

### APOLLO 11

El vuelo a la Luna y el viaje de regreso tomaron tres días cada uno. Los tres astronautas pasaron la mayor parte del tiempo en el módulo de mando, donde comían y trabajaban. Tenían muchas cosas que hacer –volar la nave y prepararse para el alunizaje–, así que sólo dormían cerca de cinco horas al día. El módulo de mando estaba muy apretado, pero en las condiciones ingrávidas del espacio los hombres podían flotar por la pequeña nave y encontrar espacio para estirar las piernas.

# Momento crucial

La misión del *Apolo 11* fue un triunfo que demostró no sólo la destreza y el valor de los tres astronautas, sino también la investigación y el arduo trabajo de un extenso equipo de científicos, ingenieros y otros especialistas. Le siguieron otros cinco viajes humanos a la Luna. Después, la NASA usó su experiencia para concentrarse en las sondas espaciales no tripuladas que son menos riesgosas, en desarrollar naves reutilizables –el transbordador espacial– y en construir la Estación Espacial Internacional, donde los científicos pueden vivir y trabajar en el espacio durante periodos largos.

## EXPLORACIÓN FUTURA

En expediciones posteriores a la Luna, el módulo lunar de los astronautas llevaba el "rover lunar". Estos vehículos de baterías les permitieron recorrer mayores distancias sobre la superficie, examinar cráteres, montañas y otras características.

## ESTACIÓN ESPACIAL INTERNACIONAL

La Estación Espacial Internacional es un inmenso laboratorio en el espacio, construido por 16 países, con una tripulación de siete astronautas. Su trabajo ya nos ha dicho mucho sobre cómo es la vida en el espacio y cómo construir estructuras allá.

**Hielo en Marte**
Desde 2003, la sonda Mars Express [Expreso de Marte] ha orbitado este planeta para tomar fotografías, trazar mapas del planeta y realizar experimentos. Una serie de fotografías muestran hielo en su superficie y algunos piensan que hace mucho Marte pudo haber albergado algún tipo de vida.

# Una ciudad dividida

# El Muro de Berlín

Bandera de la República Democrática Alemana

Después de la segunda Guerra Mundial, Alemania se dividió en dos países, la capitalista República Federal de Alemania (RFA) en el oeste, y la comunista República Democrática Alemana (RDA) en el este. La ciudad de Berlín estaba al oriente, pero también se dividió entre los dos países. Mucha gente del este odiaba el régimen comunista totalitario y escapaba a occidente por Berlín. Así que en 1961, la RDA empezó a construir un muro de concreto de 155 kilómetros que le daba toda la vuelta a Berlín Oeste, para evitar que la gente del este saliera sin permiso. El muro se volvió un símbolo de la forma en que los regímenes comunistas de Europa Central y del Este limitaban la libertad de sus pueblos.

El Muro de Berlín estaba en Alemania.

## EL MURO DE BERLÍN

El muro era una enorme barrera doble de concreto que rodeaba Berlín Oeste y lo separaba de Alemania del Este. Guardias armados vigilaban el muro desde más de 100 torres. Alambre de púas, más cercas de malla, perros guardianes y trincheras antivehículos volvían casi imposible para los alemanes del Este huir a Berlín Oeste.

### Iglesia de Santa Isabel
La mayoría de los edificios de la Franja de la Muerte fueron despejados, pero uno, la iglesia de Santa Isabel del siglo XIX, con su elevada aguja gótica, se dejó varada en medio de los dos muros paralelos.

### Muro de concreto
El muro estaba hecho de sólidos bloques de concreto que eran demasiado fuertes para derribar con un camión o buldózer.

Berlín Oeste
Bornholmer Straße
Chausseestraße
Staaken
Heerstraße
Invalidenstraße
Prinzenstraße
Punto de control Charlie
Oberbaumbrücke
Sonnenallee
Berlín Este
Punto de control Bravo
Griebnitzsee
Waltersdorfer Chaussee
● Puntos de control Aliados
● Puntos de control de Alemania del Este

### Puntos de control
Había ocho cruces fronterizos a lo largo del muro que separaba Berlín Este y Oeste. Los occidentales podían visitar el Este; los berlineses orientales que contaban con un permiso oficial podían visitar Berlín Oeste.

### Alemania después de la segunda Guerra Mundial
Cuatro países aliados tomaron control de Alemania para reconstruirla después de la guerra. La URSS ocupó la zona oriental; Francia, Gran Bretaña y Estados Unidos controlaban la occidental.

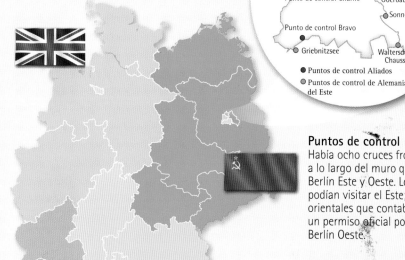

### La vida detrás del muro
La gente de Berlín Este se acostumbró a vivir junto a una altísima barrera que les impedía a casi todos viajar al Oeste. Algunos tuvieron que mudarse debido a que sus casas fueron derrumbadas para hacerle espacio al muro.

Cerca de malla con alarma

## Construir el muro

El muro empezó siendo una cerca de malla, pero después fue reemplazada por una barrera mucho más fuerte de concreto. Se eligió este material porque los enormes bloques podían colocarse rápidamente y eran muy resistentes.

**Iluminación con reflectores**

### Torre de vigilancia
Altas torres de vigilancia daban a los guardias buena visibilidad de grandes tramos del muro y de la Franja de la Muerte. La fuerte iluminación les permitía ver toda el área de noche.

### Escape fallido
La mayoría de los berlineses del Este que intentaban escapar por encima del muro, como Bernd Sievert en 1971, eran baleados por los guardias. Esta fotografía muestra a guardias en la Franja de la Muerte llevándose el cuerpo de Sievert.

### Alambre de púas
Los pocos que lograban escalar el muro se enfrentaban con otro obstáculo en la Franja de la Muerte: rollos de alambre de púas. Esto demoraba a la gente, permitiendo a los guardias apuntar y disparar.

### La Franja de la Muerte
El espacio vacío en medio de los dos muros estaba cubierto de grava, para que nadie pudiera cruzar corriendo sin hacer ruido. Si una persona lograba fugarse y dejaba sus huellas en las grava, los guardias más cercanos eran castigados.

47

# Momento crucial

La caída del Muro de Berlín trajo enormes cambios para Alemania. El Este ganó la libertad de una democracia estilo occidental, y la nueva Alemania unida se volvió uno de los países más prósperos de Europa. Derribar el muro también fue una señal de que el comunismo estaba llegando a su fin en Europa del Este y Central. Para 1990, países que habían sido comunistas como Hungría, Polonia, Rumania y Checoslovaquia habían cambiado sus antiguos gobiernos totalitarios y estaban iniciando el emocionante pero difícil camino a la libertad.

**Bandera de la República Federal de Alemania**

### La nueva Alemania
Bajo la bandera de la República Federal de Alemania, el país unido ha prosperado. Pero tomó años de inversión y trabajo duro reparar los daños causados por los comunistas en el Este.

## CELEBRAR LA REUNIFICACIÓN
Tanto la caída del muro como la reunificación de Alemania se celebraron ampliamente. Esta multitud afuera del Reichstag (el parlamento alemán) celebra el día de la unificación, 3 de octubre de 1990.

## PEDAZOS DEL MURO
Cuando el detestado muro fue demolido, mucha gente se llevó pedazos a casa de recuerdo. Ahora, los fragmentos se venden a los turistas e incluso se han llegado a subastar trozos más grandes.

53

# El Tsunami del Océano Índico

El 26 de diciembre de 2004, el terremoto más fuerte del que se tenga registro en el mundo creó un desgarre gigantesco en el fondo del Océano Índico, y se sintió a miles de kilómetros. La ruptura en el lecho marino causó un enorme tsunami, un maremoto que en algunos lugares alcanzó 15 metros de altura, que se extendió por todo el océano, devastando las costas de países como Tailandia, Indonesia y Sri Lanka. Más de 200,000 personas murieron cuando el tsunami azotó el sureste asiático. Fue uno de los peores desastres naturales que el mundo haya conocido.

**El terremoto** ocurrió frente a las costas de Sumatra, Indonesia.

## TSUNAMI

Un tsunami empieza con una enorme sacudida debajo del mar, causada por un terremoto o un volcán haciendo erupción. La sacudida desplaza enormes volúmenes de agua, creando una serie de olas con intervalos de más o menos 45 minutos. Las olas pueden ser muy pequeñas –de apenas 1 metro o algo así– en mar abierto, pero su altura crece dramáticamente conforme se acercan a la orilla.

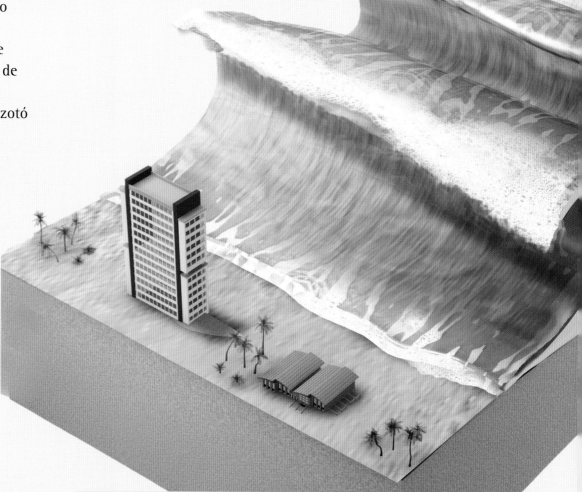

Antes del tsunami

El agua retrocede

El desastre golpea

**Tsunami gigante**
Al principio, todo estaba en calma frente a las costas de la provincia Aceh la mañana del 26 de diciembre de 2004. Luego el agua de la costa empezó a retroceder hacia una ola creciente, mar adentro. Finalmente, las olas gigantes se estrellaron en la orilla.

**De terremoto a tsunami**
Los terremotos ocurren en las llamadas fallas, que son líneas donde la corteza terrestre está debilitada. Cuando ocurre el terremoto, la corteza de un lado de la falla se mueve hacia arriba, empujando violentamente cualquier cosa que tenga encima.

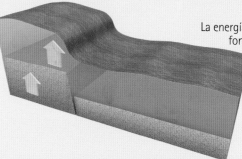

**El terremoto golpea**
La energía del terremoto sacude el fondo del mar, desnivelando la superficie, como un paso gigante. Esto también empuja el agua hacia arriba, convirtiendo la superficie tranquila del océano en una masa agitada de olas.

## Una ola altísima

Una ola de 10 metros mide más de cinco veces la altura de un humano adulto. En Aceh, las olas alcanzaron 15 metros, y algunas olas de tsunami llegan a medir 30 metros de alto.

| | |
|---|---|
| 10 m | |
| 8 m | 30 ft |
| 6 m | 25 ft |
| 4 m | 20 ft |
| 2 m | 15 ft |
| | 10 ft |
| | 5 ft |

## Las olas se desplazan hacia fuera

Grandes olas se forman y empiezan a desplazarse hacia fuera desde el lugar donde se genera el terremoto submarino. Estas olas se extienden en todas direcciones y viajan miles de kilómetros, aumentando de altura.

# Momento crucial

El tsunami de 2004 fue una catástrofe terrible. Además del gran número de muertos, muchos sufrieron al quedar heridos o perder su hogar o su trabajo. Algunas zonas remotas aún no se reponen de los daños. Pero la comunidad internacional hizo un esfuerzo enorme por ayudar: llevó ayuda médica, ofreció refugio, reconstruyó las comunidades y ayudó a instalar sistemas de alerta. Como resultado, el mundo está mejor preparado para los desastres naturales.

### Letreros de advertencia
Muchas zonas de playa donde es probable que ocurran tsunamis ahora cuentan con estos letreros de advertencia. Lo letreros, como éste en Koh Lipe, Tailandia, le dicen a la gente qué hacer cuando golpea un tsunami.

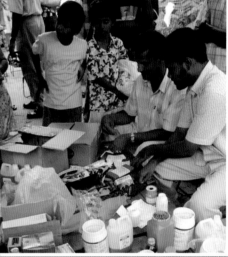

## AYUDA MÉDICA

La gente temía que las infecciones se fueran a extender rápidamente en las condiciones de pobreza que enfrentaban las comunidades golpeadas por el tsunami. Pero las agencias de ayuda mandaron doctores a las zonas afectadas, junto con provisiones de medicinas, y esto ayudó a reducir el riesgo de epidemias.

### Víctimas mortales
Esta gráfica muestra las cifras aproximadas de muertes por el tsunami de 2004. Las cifras representan las víctimas mortales confirmadas por el gobierno de cada país; la cifra total puede ser mayor.

Indonesia 126,900
Sri Lanka 31,000
India 10,700
Tailandia 5,400
Somalia 1300
Maldivas 80
Malasia 70
Myanmar 60
Tanzania 10
Otros* 19

* Incluye Seychelles, Bangladesh, Sudáfrica, Yemen y Kenia.

# Cronología

## Empieza la primera Guerra Mundial
El archiduque Franz Ferdinand de Austria muere al recibir un tiro en Sarajevo, Bosnia. El asesinato, cometido por el serbio bosnio Gavrilo Princip, da inicio a un conflicto mundial que será la guerra más devastadora hasta ahora.

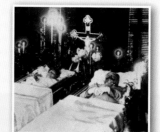

## Termina la guerra
El combate de la primera Guerra Mundial termina con la derrota de las Potencias Centrales (Austria, Alemania y sus aliados). En 1919, el Tratado de Versalles limita el poder militar de Alemania.

**1912**        **1914**        **1918**

## Titanic
El enorme transatlántico de lujo *Titanic*, que según algunos era imposible que naufragara, choca con un iceberg y se hunde en su viaje inaugural de Europa a América del Norte.

## El ser humano aterriza en la Luna
La nave espacial *Apolo 11* de Estados Unidos aluniza con éxito. Los astronautas Neil Armstrong y Buzz Aldrin realizan algunos experimentos en la superficie lunar y luego vuelven a salvo a la Tierra.

## Inicia la carrera espacial
Los rusos lanzan el *Sputnik 1*, el primer satélite artificial en orbitar la Tierra. Este diminuto satélite inicia una carrera entre Estados Unidos y la URSS por alcanzar proezas cada vez mayores de exploración espacial.

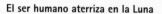

**1969**        **1961**        **1957**

## Se construye el Muro de Berlín
Para prevenir el contacto entre las dos mitades de la ciudad, el gobierno de Alemania del Este ordena que se construya un muro que le dé toda la vuelta a la parte Este de Berlín. Guardias armados evitan que los alemanes del Este escapen al Oeste.

## Cae el Muro de Berlín
Después de protestas en las calles de Berlín, el gobierno de Alemania del Este finalmente permite a la gente cruzar libremente el muro que divide la ciudad. Poco después, la gente empieza a derribar el muro.

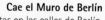

**1985**        **1989**

## Exploradores submarinos
Robert Ballard y Jean-Louis Michel localizan el *Titanic* en el fondo del mar. Exploran los restos del naufragio y sacan objetos que pertenecieron a los pasajeros y la tripulación.

**Empieza la segunda Guerra Mundial**
El ejército alemán invade Polonia y cuando se niega a retirarse, Gran Bretaña le declara la guerra a Alemania. Más y más países se ven arrastrados al conflicto, que se extiende por todo Europa y más allá.

1937

1939

**Desastre del *Hindenburg***
El enorme dirigible *Hindenburg* se incendia en Lakehurst, Nueva Jersey. Varias personas pierden la vida cuando la gigantesca aeronave se convierte en una bola de fuego; el uso de dirigibles para llevar pasajeros llega a su fin.

**Pearl Harbor**
La fuerza aérea japonesa bombardea la base estadounidense de Pearl Harbor, Hawai, destruyendo numerosos barcos. Esto hace que Estados Unidos entre al conflicto; su enorme poderío militar ayudará a vencer a Alemania y sus aliados más adelante.

1945

1941

**Termina la segunda Guerra Mundial**
Los Aliados vencen a Alemania, trayendo la paz a Europa en mayo. Cuando aviones estadounidenses lanzan bombas atómicas sobre dos ciudades japonesas en agosto, Japón se rinde, con lo que la guerra termina por completo.

**Estación Espacial Internacional**
Inicia la construcción de esta enorme estación espacial. Permite a astronautas y científicos de varios países vivir en el espacio y realizar experimentos científicos a largo plazo.

**Tsunami del Océano Índico**
El 26 de diciembre, un enorme terremoto en el Océano Índico ocasiona un extenso tsunami que devasta las costas de Tailandia, Indonesia, Sri Lanka y varios países más. Muchos mueren y en Indonesia comunidades enteras son arrasadas.

1990

1998

2004

**Alemania se reunifica**
Las dos partes de Alemania se reunifican democráticamente bajo la bandera de la República Federal de Alemania. La democracia también vuelve a países vecinos, antiguamente comunistas.

# Glosario

**agencia espacial:** organismo que lleva a cabo un programa de exploración espacial.

**aleación:** sustancia hecha de la mezcla de dos o más metales, a veces agregando otros elementos químicos.

**Aliados:** durante la primera Guerra Mundial, las naciones (inicialmente Gran Bretaña y Francia, después muchas más) que se oponían a las Potencias Centrales; en la segunda Guerra Mundial, aquellas (principalmente Gran Bretaña, la URSS y Estados Unidos, pero también muchas más) que lucharon contra los poderes del Eje.

**base de amarre:** elevada estructura vertical donde un dirigible era atado antes y después de un vuelo.

**boya:** flotador que se usa como indicador en el mar o para cargar pequeños equipos de señalización.

**campo de concentración:** tipo de prisión en la que presos políticos, prisioneros de guerra y otros son detenidos, a menudo torturados y en algunos casos ejecutados.

**capitalista:** término usado para describir un sistema político que permite un libre mercado de bienes y servicios, y también que individuos y compañías sean dueños de negocios.

**casco:** en navegación, se refiere al cuerpo de un barco o bote.

**Checoslovaquia:** antiguo país en Europa Central, al este de Alemania, conformado por lo que hoy son la República Checa y Eslovaquia.

**colonia:** territorio colonizado por gente de otro país y normalmente gobernado desde ese país.

**combatiente:** que toma parte activa en una guerra.

**comunista:** término usado para describir una forma de gobierno en la que el Estado es dueño de todas la industrias y controla la economía, y en el que las clases sociales son abolidas.

**corteza terrestre:** las rocas que conforman la superficie sólida exterior de la Tierra; la corteza está conformada por una serie de secciones enormes o placas, y en las zonas donde se juntan estas placas es donde pueden ocurrir terremotos.

**cosmonauta:** término ruso para astronauta.

**cubierta de paseo:** corredor en un barco o dirigible diseñado para que la gente pueda caminar y admirar la vista.

**de derecha:** término político que describe a una persona o un partido con puntos de vista conservadores.

**dictador:** gobernante, a menudo un tirano, que tiene poder absoluto sobre la gente de su país.

**dominio:** alguno de los países más grandes, autónomos, que alguna vez formaron parte del Imperio Británico y ahora son miembros de la Mancomunidad de Naciones.

**Eje:** grupo de países (Alemania, Italia, Japón y otras naciones) que se opusieron a los Aliados en la segunda Guerra Mundial.

**elecciones libres:** donde la gente es libre de votar según sus propios deseos y sin interferencia, y en las que puede participar cualquier partido político.

**epicentro:** punto de la superficie de la Tierra que está directamente sobre el punto focal de un terremoto.

**etapa:** sección de un cohete, diseñada para desprenderse de la nave espacial cuando ya ha sido utilizada.

**fascista:** persona o Estado que sigue las ideas del fascismo: política de extrema derecha combinada con el gobierno de un dictador.

**falla:** línea de ruptura o debilitamiento de la corteza terrestre, donde las secciones separadas de la corteza pueden moverse, ocasionando terremotos.

**federación:** país conformado por varios estados separados, cada uno de los cuales mantiene algunos poderes de gobierno.

**fogonero:** persona cuyo trabajo es mantener el motor de un barco lleno de combustible.

**frente:** determinada zona de combate en una guerra.

**gótico:** estilo de arquitectura, popular entre los siglos XIII y XV y otra vez en el XIX, que usa arcos puntiagudos y techos abovedados de piedra.

**guerra de trincheras:** tipo de guerra en la que los dos bandos ocupan largas trincheras paralelas y un lado trata de capturar la trinchera del enemigo y el territorio que hay detrás.

**hangar:** cobertizo grande donde se fabrican y se guardan aviones y dirigibles.

**Holocausto:** asesinato masivo de judíos y otros grupos de personas, como los gitanos, durante la segunda Guerra Mundial.

**Imperio austro-húngaro:** conformado por lo que hoy son Austria y Hungría, y en distintas épocas otros territorios incluyendo Polonia, Rumania, Bosnia, Serbia y las regiones checas.

**Imperio otomano:** tenía su base en Turquía, duró desde el siglo XIV hasta 1922, y en su apogeo se extendía hasta Europa del Este y atravesaba el Mediterráneo oriental hacia partes del norte de África.

**inflamable:** que se quema fácilmente.

**infrarrojo:** ondas electromagnéticas con una longitud de onda ligeramente mayor que la de la luz visible y las ondas ultravioleta.

**ingrávido:** efecto de la poca gravedad en la Luna, que es apenas como de una sexta parte que la fuerza de gravedad en la Tierra.

**káiser:** título del emperador o gobernante de Alemania entre 1871 y 1918.

**mampara:** pared hermética, en este caso en un barco, diseñada para evitar que el agua pase de una parte de la embarcación a otra.

**manglar:** zona pantanosa donde crece el mangle, una especie de árbol o arbusto subtropical que tiene raíces expuestas o aéreas.

**módulo lunar:** sección de la nave espacial *Apolo* que aterrizó en la superficie de la Luna.

**módulo de mando:** sección de la nave espacial *Apolo* que orbitó la Luna y trajo a la tripulación de regreso a la Tierra.

**módulo de servicio:** sección de la nave espacial *Apolo* que albergaba los motores, el combustible y otros artículos, y que estuvo unida al módulo de mando hasta ser expulsada justo antes de reingresar a la atmósfera terrestre al final de la misión.

**NASA:** administración Nacional de Aeronáutica y Espacio, por sus siglas en inglés; organismo que maneja el programa de exploración espacial de Estados Unidos.

**nazi:** abreviatura del Partido Nacionalsocialista Alemán, de extrema derecha, encabezado por Adolfo Hitler antes y durante la segunda Guerra Mundial.

**oficiales:** en un barco, las personas que hacen los trabajos más importantes, como el capitán, el primer oficial y el jefe de máquinas.

**ola negativa:** momento que ocurre durante un tsunami cuando el agua se aleja de la costa, haciendo que el mar se "vacíe".

**operación:** acción militar que forma parte de una guerra mayor.

**pertrechos:** armas y municiones usadas en la guerra.

**Poderes Centrales:** grupo de países (que incluía Alemania y el Imperio austro-húngaro) que se opusieron a los Aliados en la primera Guerra Mundial.

**proa:** parte delantera de un barco o bote.

**régimen:** sistema de gobierno de un país o Estado.

**República Democrática Alemana:** nombre oficial de la comunista Alemania del Este, antes de 1990.

**República Federal de Alemania:** nombre oficial de Alemania del Oeste y, después de 1990, de la Alemania unificada.

**rover lunar:** vehículo pequeño y ligero diseñado especialmente para viajar sobre la superficie de la Luna; se usaron en varias de las misiones *Apolo* a la Luna, pero no en el *Apolo 11*.

**salón de recepciones:** en un barco, espacio diseñado para ser usado por un gran número de pasajeros como sala de estar o para eventos sociales.

**satélite:** objeto que orbita un planeta como la Tierra. La Luna es un satélite, pero también existen satélites artificiales, que los humanos hacen y mandan al espacio.

**sensor:** dispositivo que responde a determinado tipo de ola o movimiento; un sensor solar responde a la luz del sol, un sensor de movimiento puede responder a los temblores de la tierra.

**sismómetro:** dispositivo para medir los movimientos de la superficie terrestre.

**sortie:** vuelo de un avión militar que forma parte de una misión durante la guerra.

**Stasi:** abreviatura del Ministerio para la Seguridad del Estado de Alemania del Este, la policía secreta.

**sumergible:** submarino pequeño, algunos pueden ser operados a control remoto desde la superficie.

**timón:** dispositivo que consiste de una paleta plana y movible que se usa para guiar embarcaciones y aeronaves.

**totalitario:** término que describe a un gobierno o Estado que hace uso despiadado de su autoridad para imponerle a su pueblo ideas políticas extremistas.

**tratado:** acuerdo formal o pacto entre dos países o Estados, a menudo para definir los términos de la paz después de una guerra.

**ultravioleta:** tipo de onda electromagnética con una longitud de onda ligeramente mayor que los de la luz violeta visible.

**URSS:** abreviatura de la Unión de Repúblicas Socialistas Soviéticas, el extenso Estado comunista que abarcaba Rusia y las áreas vecinas, que existió de 1922 a 1991.

**viento de frente:** viento que sopla en sentido contrario a la dirección que lleva un buque o aeronave, retrasando su avance.

**yugular:** vena gruesa en el cuello que lleva la sangre de la cara y el cerebro al corazón.

**zar:** emperador o gobernante del Imperio ruso en el periodo anterior a 1917.

# Índice

# Créditos

**ABREVIATURAS:** ALA = Alamy,
ASM = Smithsonian Air and Space Museum,
AWM = Australian War Memorial, CBT = Corbis,
ESA = European Space Ag, GI = Getty,
HSK = Honeysucklecreek.net, IS = iStock Photo,
MP = Minden Pictures, N = NASA,
NOAA = National Oceanic and Atmospheric
Administration, TPL = The Photo Library,
PD = Dominio Público, SH = Shutterstock,
PD = Picture Desk, TF = Top Foto

**FOTOGRAFÍAS:** 1cc TPL; 3b TPL; 4bl, bc, cr GI; 5cl NSM, cr TF; 6cl PIC, cr TPL; 7cl, br TPL; 8cc, cl TPL; 9bl, t TPL; 11cl, tl ALA; cl CBT; 11b, c CBT, c GI, c NOAA; 13cc, bc TPL cl, bl IS, cl CBT; 14cl GI, cr TPL; 15bc, cc CBT; 16br AWM, b CBT; 17b CBT, b GI, b PUB; 19tr CBT; c GI; 20cc, cl CBT, br GI; 21 tl PUB, cc IS, cc GI, bc CBT; 22bl GI; 24c CBT; 25t CBT; 26bc, bc, br TF; 27bc, br, bl TF; 28c CBT, b GI, cl PUB, bl TPL; 29 cl IS cl TPL, b SH 30bc, cl, c CBT, tl GI; 31c CBT; 32bc, bl CBT; 33bc, bl, br CBT; 34cl CBT; 36tl GI, c, bl CBT; 37 cl CBT, c GI, cl IS; 38tr ASM, cl, bc N; 40tl ASM, cr CBT, br N; 41c ASM; 42br, br, cr HSK, tr NSM; 43c, tr N; 44c, c, br N; 45c, c n, bl ESA; 46bc TF; 47tr, bl TF; 48tl TF; 49c,
tr TF; 50tl PUB, b TF; 51c GI, bl, br CBT, b, b TF; 52c, c TF, bl PUB; 53c TF, cr IS, b CBT; 57tc CBT; 58bl MP, br CBT; 59c, tr CBT; 60tl CBT; 61c, c CBT, bl IS; 62tl, tc, CBT, tl TPL, bc NOAA; bl TF; 63tc, cl, c, bc CBT, bl TF.

**ILUSTRACIONES:** Portada Malcolm Godwin / Moonrunner
Design, Francesca D'Ottari / Wilkinson Studios 18b, Godd.
com 22c, 22bl, 35c, 40b, 46r, 54b, 55b, Leonello Calvetti 4tl, Iain
McKellar 10br, 11b, Library of Congress 4cl, 7tc, 8bc, 11b, 11t, 11c,
Malcolm Godwin / Moonrunner Design 30c, 30cl, 54 bl, 54cr,
Peter Bull Art Studio 8b, 9br, Steve Hobbs 38c, 39c, 40b, 42c, 43c.